AF451476

ANTOLOGÍA POÉTICA DE
PABLO NERUDA

EL MUNDO DE LAS LETRAS

© 2009, FUNDACIÓN PABLO NERUDA.
Inscripción N° 177.737, Santiago de Chile.

Derechos de edición reservados para todos los países por
© EDITORIAL UNIVERSITARIA S.A.
Avda. Bernardo O'Higgins 1050. Santiago de Chile.

Texto compuesto en tipografía *Palatino 11/14*

Se terminó de imprimir esta edición
en los talleres de Editora e Imprenta Maval Spa.,
Rivas 530, San Joaquín, Santiago de Chile
en enero de 2019.

DISEÑO DE PORTADA Y DIAGRAMACIÓN
Norma Díaz San Martín, Yenny Isla Rodríguez

CUBIERTA
Gustav Klimt.
El beso, 1907-1908 (detalle). Óleo sobre lienzo, 180 x 180 cm
Österreichische Galerie, Viena.

w w w . u n i v e r s i t a r i a . c l

Antología poética de

PABLO NERUDA

POEMAS DE AMOR

SELECCIÓN Y PRÓLOGO DE

Óscar Hahn

EDITORIAL UNIVERSITARIA

ÍNDICE

PRÓLOGO

De los grandes poetas hispanoamericanos del siglo xx, Gabriela Mistral, Vicente Huidobro, César Vallejo, Jorge Luis Borges, Pablo Neruda y Octavio Paz, sólo Neruda es autor de colecciones enteras dedicadas al tema amoroso: *Veinte poemas de amor y una canción desesperada, El hondero entusiasta, Los versos del capitán* y *Cien sonetos de amor.* Más allá de estos volúmenes, el amor emerge y se sumerge a lo largo de su obra. Recordemos que en 1953 ya había reunido su producción erótica completa, bajo el título de *Todo el amor.*

Puede afirmarse que la fama de Neruda se extendió tempranamente a vastos círculos de lectores, a partir del éxito de composiciones como *Farewell,* de *Crepusculario,* publicado en 1923, cuando el poeta tenía apenas 19 años de edad. "En el sitio más inesperado me lo recitaban de memoria o me pedían que yo lo hiciera. Aunque mucho me molestara, apenas presentado en una reunión, alguna muchacha comenzaba a elevar su voz con aquellos versos obsesionantes y, a veces, ministros de Estado me recibían cuadrándose militarmente delante de mí y espetándome la primera estrofa", cuenta Neruda en *Confieso que he vivido.* El verso *Amo el amor de los marineros que besan y se van,* llegó a cobrar autonomía y se integró al repertorio de citas habituales. Su prestigio de poeta del amor se consolidó poco después con el *Poema 15* y el *Poema 20,* que corrieron una suerte semejante a la de *Farewell.*

En el itinerario amoroso de Neruda hay cuatro momentos con identidad propia, que se dibujan con bastante nitidez. Empleando una expresión grata al poeta, esos hitos podrían denominarse "las cuatro estaciones del alma".

Primera Estación. Los Versos más Tristes.

El mismo Neruda, al sugerir en clave la identidad de las muchachas que habrían inspirado los *Veinte poemas*, Marisol y Marisombra, insinuó también el código para una posible lectura del libro, que incluiría básicamente dos tipos de textos: los diurnos y los nocturnos. Pero ellos no corresponden necesariamente a lo que a primera vista connotan los apodos. Neruda dice que Marisol, en vez de apuntar a un paisaje solar como sería de esperar, *es el idilio de la provincia encantada con inmensas estrellas nocturnas*. Por otra parte él habla de dos e incluso tres mujeres que *se entrelazan en esta melancólica y ardiente poesía*. Esto demuestra lo riesgoso que es trabajar mecánicamente con informaciones biográficas, aun las proporcionadas por el propio poeta, sobre todo en el caso de la poesía amorosa, en la que muchas veces la imagen de la mujer que surge del texto, más que provenir de una persona real específica, resulta ser un *compuesto* o, como reconoce Neruda, el producto de *un entrecruce*. Como quiera que sea, el tiempo ha terminado por revelar el nombre verdadero de las dos musas principales: Teresa Vásquez, la muchacha del Sur, y Albertina Azócar, la estudiante de Santiago. Más aún, la correspondencia que intercambiaron Albertina y el poeta, y que cubre la época de escritura de los *Veinte poemas,* ha aparecido con el título de *Cartas de amor de Pablo Neruda.* Sobre esta documentación es válido sostener, por ejemplo, que el *Poema 15,* adjunto a una de las cartas en una primera versión, fue inspirado por Albertina. Sin embargo, e independientemente de las personas a quienes están dedicados los poemas o del lugar donde fueron escritos, todos ellos comparten un escenario común: la naturaleza del sur de Chile.

La culminación de ese espíritu nocturnal del poeta, al que hacía referencia más arriba, es el "Poema 20", que escenifica la situación típica del "nocturno" romántico. En el siglo XIX esta modalidad alcanzó su concreción más conocida en la figura de Chopin, al proyectar la imagen del artista solitario, apasionado y melancólico, que lamenta la ausencia de la amada, mientras contempla la noche cubierta de estrellas. La célebre declaración: *Puedo escribir los versos más tristes esta noche,* no representa, pues, una jactancia, sino una constatación de que las condiciones son propicias para que el poeta exprese sus sentimientos.

Como contraposición, encontramos el *Poema 19,* en el que se configura otra imagen de la mujer, esta vez ligada a las potencias solares y al mundo natural: *Niña morena y ágil, el sol que hace las frutas, / el que cuaja los trigos, el que tuerce las algas, / hizo tu cuerpo alegre, tus luminosos ojos, / tu boca que tiene la sonrisa del agua.* No obstante, el poeta tiene problemas para vincularse con esta mujer diurna: *Nada hacia ti me acerca. / Todo de ti me aleja, como del mediodía,* puntualiza Neruda, y presenta esta relación como un hecho contrario a su ser nocturno. *Mi corazón sombrío te busca, sin embargo,* concede el poeta.

Si la noche es el ámbito desde el cual se canta la ausencia de la amada, el crepúsculo es el espacio en el que se verifica el encuentro de los amantes. En el *Poema 2* la mujer aparece envuelta en la llama mortal de la luz y situada contra *las viejas hélices del crepúsculo / que en torno a ti da vueltas;* pero se trata de una puesta de sol ominosa, que aloja una felicidad transitoria, destinada a desaparecer con el advenimiento de la noche. La noche es el lugar natural de la ausencia y el instante adecuado para que el vacío de la mujer amada sea llenado plenamente por el canto melancólico. Incluso cuando la amada está presente, el poeta prefiere imaginarla *distante y dolorosa como si hubieras muerto,* porque ese luto del alma lo convierte en el viudo imaginario que necesita ser para escribir "los versos más tristes". La figura del viudo imaginario se consolidará más tarde en las *Residencias.*

Segunda Estación. El libro de los Fantasmas.

Entre 1925 y 1935, Neruda desciende al pozo profundo de la psiquis. Desde allí, lo único que puede ofrecerle a la amada son *sueños que salen de mi corazón a borbotones, / polvorientos sueños que corren como jinetes negros.* Es la etapa de *Residencia en la tierra,* cuando los poemas son modelados por las fuerzas del inconsciente y la noche vuelve a ser la *dueña del amor.* Pero esta vez, más que una noche física, es una noche oscura del alma. A primera vista, son poemas *sin forma obstinada,* como diría Neruda, y hasta herméticos en su significación, pero pronto revelan su coherencia y su sentido.

Residencia en la tierra es un libro sobre la muerte y sobre los muertos (*Trabajo sordamente, girando sobre mí mismo, / como el cuervo sobre la muerte, el cuervo de luto*), y en él parecía no haber mucho campo para el amor; pero, paradójicamente, es por ello mismo que el amor cumple allí una función. Después de sus rupturas y separaciones amorosas, el poeta contempla *las muertes que están entre nosotros desde ahora*, y comprende que *hay mucha muerte, muchos acontecimientos funerarios / en mis desamparadas pasiones y desolados versos*. Y aunque sus amantes ausentes están muertas sólo en un sentido figurado, el poeta siente como si hubiera quedado viudo: *Tango del viudo*, se llama por cierto uno de los poemas de amor del libro y en otro, titulado *Arte poética*, habla con precisión de su *luto de viudo furioso*. De allí a que la amada sea presentada como un fantasma, hay sólo un paso. Ese paso lo da Neruda varias veces, lo que nos permite hablar de un imagen fantasmagórica de la mujer en las *Residencias*. Desde luego *fantasma* es el título del poema en el que Neruda recuerda su ya difunta relación con una *pálida estudiante* en 1923. Y en *Barcarola* le pregunta a la amada: *¿Quieres ser el fantasma que sople, solitario, / cerca del mar su estéril, triste instrumento?* Recordemos que el Neruda de *El hondero entusiasta* ya había dicho: *Ay de mí, ay del hombre que puede quedarse solo con sus fantasmas.*

Tercera Estación. El Amor Secreto.

En 1953, la editorial Losada de Buenos Aires publica el libro de autor anónimo *Los versos del capitán*. La edición contiene una carta-prólogo fechada en La Habana el 3 de octubre de 1951 y firmada por Rosario de la Cerda. La carta afirma que el autor de los versos es un poeta centro-americano que combatió en la Guerra Civil Española, y a quien Rosario llama *el Capitán*. En 1963 aparece una nueva edición de *Los versos del capitán*. Esta vez incluye, además de la carta-prólogo, una explicación preliminar, escrita en Isla Negra en noviembre de ese mismo año, en la que Pablo Neruda confiesa ser el verdadero autor del libro. *Ahora que lo reconozco espero que su sangre furiosa me reconocerá también,* dice el poeta. Pronto queda claro, además, que la inspiradora de los poemas no es la ficticia Rosario de la Cerda, sino la muy real Matilde Urrutia, y que el romance, iniciado en México en 1949 y vivido a escondidas en diversos lugares del mundo, debió mantenerse en secreto. ¿Cuál es la razón del anonimato? Dejemos que lo explique el mismo Neruda: *La única verdad es que no quise, durante mucho tiempo, que esos poemas hirieran a Delia [del Carril], de quien me separaba... Este libro, de pasión brusca y ardiente, iba a llegar como una piedra lanzada sobre su tierna estructura.*

Pero no sólo se ha producido un cambio decisivo en la vida amorosa de Neruda; también es visible una transformación radical en su poesía, sobre todo si la comparamos con el temple de ánimo inherente a *Residencia en la tierra*. La nueva colección de poemas de amor se rige por la poética de las *odas elementales*, que estaban escritas en los mismos días en que se publica en Nápoles una edición privada de *Los versos del capitán* (1952), anterior a la de Losada. Ahora el amante se ha desprendido del *luto de viudo furioso* que llevaba en las *Residencias* y transitaba por el camino de la claridad y de la sencillez. El hermetismo y la densidad verbal han cedido el paso a la diafanidad y a la transparencia expresiva.

En *Los versos del capitán* la mujer es vista frecuentemente como un territorio geográfico que el amante recorre; y cuando lo acosa el deseo, se transforma en tigre, cóndor o insecto. El poeta ya no es más el hombre que puede quedarse solo con sus fantasmas. La amada es aquí persistente presencia corporal y compañía diaria. Esta imagen de la mujer como compañera, ajena al discurso amoroso de los *Veinte poemas* y de *Residencia en la tierra*, posibilita que el capitán añada ahora una dimensión inédita: el compromiso político, y que invite a la amada a acompañarlo en su lucha *contra el sistema que reparte el hambre*, y a pedirle: *Bésame de nuevo, querida. / Limpia ese fusil, camarada.*

Cuarta Estación. Casa de Catorce Tablas.

A la altura de 1960, cuando se imprime la edición definitiva de *Cien sonetos de amor*, ya no hay razón alguna para ocultar el nombre de la musa. Neruda emplea aquí sostenidamente esa *forma obstinada* que es el soneto; pero en consonancia con el poeta romántico que lleva en su interior, se toma toda clase de libertades. Dice en la dedicatoria a Matilde Urrutia: *Señora mía muy amada, gran padecimiento tuve al escribirte estos mal llamados sonetos y harto me dolieron y costaron;* y pasa a llamarlos *sonetos de madera, pequeñas casas de catorce tablas para que en ellas vivan tus ojos que adoro y canto.* El soneto, por su carácter de estructura estable, sujeta a un orden, es la forma apropiada para esta etapa de la poesía erótica de Neruda, porque se trata de una relación también estable y formalizada, ajena a las precariedades y rupturas del pasado. Es por ello que Neruda asocia la estructura del soneto con *casas* o *nidos*, aptos para habitar con la amada, a la que ahora puede llamar con propiedad *señora mía.* Esto se trasluce en el soneto XXXII. El desorden matinal de la casa desaparece cuando la mujer, a quien llama la *Ordenadora,* entra en escena, *conquistando la luz.* Desde esta posición armónica y segura, salvaguardado de posibles naufragios amorosos, Neruda puede encontrar su canto en la alabanza de la mujer; y precisamente la loa o elogio es la forma que predomina a través de las cuatro partes en que está dividido el libro: *Suave es la bella como si música y madera / ágata, telas, trigos, duraznos transparentes, / hubieran erigido la fugitiva estatua.*

Pero la noche ya no es más el ámbito de la ausencia, de la separación y la tristeza; en este nuevo orden la pareja ha llegado a constituir *el matrimonio de la noche en la sangre.* También ha desaparecido el doliente viudo de la poesía anterior: *Amor mío, si mueres y no muero / no demos al dolor más territorio,* dice el poeta en el soneto XCII, y establece su fe en un sentimiento que *no tiene muerte* y que *sólo cambia de tierras y de labios.* Así culmina la trayectoria romántica de Neruda, que se abre a la adolescencia con la visión de la amada como un inminente fantasma, a pesar de su cuerpo *de leche ávida y firme,* y cuyo destino final es el amor de la madurez, que se resiste a ser la última estación.

Óscar Hahn

De CREPUSCULARIO

(1923)

MORENA, LA BESADORA

Cabellera rubia, suelta,
corriendo como un estero,
cabellera.

Uñas duras y doradas,
flores curvas y sensuales,
uñas duras y doradas.

Comba del vientre, escondida,
y abierta como una fruta
o una herida.

Dulce rodilla desnuda
apretada en mis rodillas,
dulce rodilla desnuda.

Enredadera de pelo
entre la oferta redonda
de los senos.

Huella que dura en el lecho,
huella dormida en el alma,
palabras locas.

Perdidas palabras locas:
rematarás mis canciones,
se morirán nuestras bocas.

Morena, la Besadora,
rosal de todas las rosas
en una hora.

Besadora, dulce y rubia,
me iré,
te irás, Besadora.

Pero aún tengo la aurora
enredada en cada sien.

Bésame, por eso, ahora,
bésame, Besadora,
ahora y en la hora
de nuestra muerte.

Amén

FAREWELL

1

Desde el fondo de ti, y arrodillado,
un niño triste, como yo, nos mira.

Por esa vida que arderá en sus venas
tendrían que amarrarse nuestras vidas.

Por esas manos, hijas de tus manos,
tendrían que matar las manos mías.

Por sus ojos abiertos en la tierra
veré en los tuyos lágrimas un día.

2

Yo no lo quiero, Amada.
Para que nada nos amarre
que no nos una nada.

Ni la palabra que aromó tu boca,
ni lo que no dijeron las palabras.

Ni la fiesta de amor que no tuvimos,
ni tus sollozos junto a la ventana.

3

(Amo el amor de los marineros
que besan y se van.

Dejan una promesa.
no vuelven nunca más.

En cada puerto una mujer espera:
los marineros besan y se van.

Una noche se acuestan con la muerte
en el lecho del mar.

4

Amo el amor que se reparte
en besos, lecho y pan.

Amor que puede ser eterno
y puede ser fugaz.

Amor que quiere libertarse
para volver a amar.

Amor divinizado que se acerca.
Amor divinizado que se va).

5

Ya no se encantarán mis ojos en tus ojos,
ya no se endulzará junto a ti mi dolor.

Pero hacia donde vaya llevaré tu mirada
y hacia donde camines llevarás mi dolor.

Fui tuyo, fuiste mía. Qué más? Juntos hicimos
un recodo en la ruta donde el amor pasó.

Fui tuyo, fuiste mía. Tú serás del que te ame,
del que corte en tu huerto lo que he sembrado yo.

Yo me voy. Estoy triste: pero siempre estoy triste.
Vengo desde tus brazos. No sé hacia dónde voy.

...Desde tu corazón me dice adiós un niño.
Y yo le digo adiós.

AMOR

Mujer, yo hubiera sido tu hijo, por beberte
la leche de los senos como de un manantial,
por mirarte y sentirte a mi lado y tenerte
en la risa de oro y la voz de cristal.

Por sentirte en mis venas como Dios en los ríos
y adorarte en los tristes huesos de polvo y cal,
porque tu ser pasara sin pena al lado mío
y saliera en la estrofa —limpio de todo mal—.

Cómo sabría amarte, mujer, cómo sabría
amarte, amarte como nadie supo jamás.
Morir y todavía
amarte más.
Y todavía
amarte más
            y más.

MELISANDA

Su cuerpo es una hostia fina, mínima y leve.
Tiene azules los ojos y las manos de nieve.

En el parque los árboles parecen congelados,
los pájaros en ellos se detienen cansados.

Sus trenzas rubias tocan el agua dulcemente
como dos brazos de oro brotados de la fuente.

Zumba el vuelo perdido de las lechuzas ciegas.
Melisanda se pone de rodillas — y ruega.

Los árboles se inclinan hasta tocar su frente.
Los pájaros se alejan en la tarde doliente.

Melisanda, la dulce, llora junto a la fuente.

LA CABELLERA

Pesada, espesa y rumorosa,
en la ventana del castillo
la cabellera de la Amada
es un lampadario amarillo.

—Tus manos blancas en mi boca.
—Mi frente en tu frente lunada.
Pelleas, ebrio, tambalea
bajo la selva perfumada.

—Melisanda, un lebrel aúlla
por los caminos de la aldea.
—Siempre que aúllan los lebreles
me muero de espanto, Pelleas.

—Melisanda, un corcel galopa
cerca del bosque de laureles.
—Tiemblo, Pelleas, en la noche
cuando galopan los corceles.

—Pelleas, alguien me ha tocado
la sien con una mano fina.
—Sería un beso de tu amado
o el ala de una golondrina.

En la ventana del castillo
es un lampadario amarillo
la milagrosa cabellera.

Ebrio, Pelleas enloquece:
su corazón también quisiera
ser una boca que la bese.

LA MUERTE DE MELISANDA

A la sombra de los laureles
Melisanda se está muriendo.

Se morirá su cuerpo leve.
Enterrarán su dulce cuerpo.

Juntarán sus manos de nieve.
Dejarán sus ojos abiertos

para que alumbren a Pelleas
hasta después que se haya muerto.

A la sombra de los laureles
Melisanda muere en silencio.

Por ella llorará la fuente
un llanto trémulo y eterno.

Por ella orarán los cipreses
arrodillados bajo el viento.

Habrá galope de corceles,
lunarios ladridos de perros.

A la sombra de los laureles
Melisanda se está muriendo.

Por ella el sol en el castillo
se apagará como un enfermo.

Por ella morirá Pelleas
cuando la lleven al entierro.

Por ella vagará de noche,
moribundo por los senderos.

Por ella pisará las rosas,
perseguirá las mariposas
y dormirá en los cementerios.

Por ella, por ella, por ella
Pelleas, el príncipe, ha muerto.

CANCIÓN DE LOS AMANTES MUERTOS

Ella era bella y era buena.

Perdonalá, Señor!

Él era dulce y era triste.

Perdonaló, Señor!

Se dormía en sus brazos blancos
como una abeja en una flor.

Perdonaló, Señor!

Amaba las dulces canciones,
ella era dulce canción!

Perdonalá, Señor!

Cuando hablaba era como si alguien
hubiera llorado en su voz.

Perdonaló, Señor!

Ella decía: —"Tengo miedo.
Oigo una voz en lo lejano".

Perdonalá, Señor!

Él decía: —"Tu pequeñita
mano en mis labios".

    Perdonaló, Señor!

Miraban juntos las estrellas.
No hablaban de amor.

Cuando moría una mariposa
lloraban los dos.

    Perdonalós, Señor!

Ella era bella y era buena.

Él era dulce y era triste.
Murieron del mismo dolor.

Perdónalos,
Perdónalos,

    Perdonalós, Señor!

De VEINTE POEMAS DE AMOR Y UNA CANCIÓN DESESPERADA

(1924)

VEINTE POEMAS DE AMOR

1

Cuerpo de mujer, blancas colinas, muslos blancos,
te pareces al mundo en tu actitud de entrega.
Mi cuerpo de labriego salvaje te socava
y hace saltar el hijo del fondo de la tierra.

Fui solo como un túnel. De mí huían los pájaros
y en mí la noche entraba su invasión poderosa.
Para sobrevivirme te forjé como un arma,
como una flecha en mi arco, como una piedra en mi
      honda.

Pero cae la hora de la venganza, y te amo.
Cuerpo de piel, de musgo, de leche ávida y firme.
Ah los vasos del pecho! Ah los ojos de ausencia!
Ah las rosas del pubis! Ah tu voz lenta y triste!

Cuerpo de mujer mía, persistiré en tu gracia.
Mi sed, mi ansia sin límite, mi camino indeciso!
Oscuros cauces donde la sed eterna sigue,
y la fatiga sigue, y el dolor infinito.

6

Te recuerdo como eras en el último otoño.
Eras la boina gris y el corazón en calma.
En tus ojos peleaban las llamas del crepúsculo.
Y las hojas caían en el agua de tu alma.

Apegada a mis brazos como una enredadera,
las hojas recogían tu voz lenta y en calma.
Hoguera de estupor en que mi sed ardía.
Dulce jacinto azul torcido sobre mi alma.

Siento viajar tus ojos y es distante el otoño:
boina gris, voz de pájaro y corazón de casa
hacia donde emigraban mis profundos anhelos
y caían mis besos alegres como brasas.

Cielo desde un navío. Campo desde los cerros.
Tu recuerdo es de luz, de humo, de estanque en calma!
Más allá de tus ojos ardían los crepúsculos.
Hojas secas de otoño giraban en tu alma.

Me gustas cuando callas porque estás como ausente,
y me oyes desde lejos, y mi voz no te toca.
Parece que los ojos se te hubieron volado
y parece que un beso te cerrara la boca.

Como todas las cosas están llenas de mi alma
emerges de las cosas, llena del alma mía.
Mariposa de sueño, te pareces a mi alma,
y te pareces a la palabra melancolía.

Me gustas cuando callas y estás como distante.
Y estás como quejándote, mariposa en arrullo.
Y me oyes desde lejos, y mi voz no te alcanza:
déjame que me calle con el silencio tuyo.

Déjame que te hable también con tu silencio
claro como una lámpara, simple como un anillo.
Eres como la noche, callada y constelada.
Tu silencio es de estrella, tan lejano y sencillo.

Me gustas cuando callas porque estás como ausente.
Distante y dolorosa como si hubieras muerto.
Una palabra entonces, una sonrisa bastan.
Y estoy alegre, alegre, de que no sea cierto.

19

Niña morena y ágil, el sol que hace las frutas,
el que cuaja los trigos, el que tuerce las algas,
hizo tu cuerpo alegre, tus luminosos ojos
y tu boca que tiene la sonrisa del agua.

Un sol negro y ansioso se te arrolla en las hebras
de la negra melena, cuando estiras los brazos.
Tú juegas con el sol como con un estero
y él te deja en los ojos dos oscuros remansos.

Niña morena y ágil, nada hacia ti me acerca.
Todo de ti me aleja, como del mediodía.
Eres la delirante juventud de la abeja,
la embriaguez de la ola, la fuerza de la espiga.

Mi corazón sombrío te busca, sin embargo,
y amo tu cuerpo alegre, tu voz suelta y delgada.
Mariposa morena dulce y definitiva
como el trigal y el sol, la amapola y el agua.

Puedo escribir los versos más tristes esta noche.
Escribir, por ejemplo: "La noche está estrellada,
y tiritan, azules, los astros, a lo lejos".

El viento de la noche gira en el cielo y canta.

Puedo escribir los versos más tristes esta noche.
Yo la quise, y a veces ella también me quiso.

En las noches como ésta la tuve entre mis brazos.
La besé tantas veces bajo el cielo infinito.

Ella me quiso, a veces yo también la quería.
Cómo no haber amado sus grandes ojos fijos.

Puedo escribir los versos más tristes esta noche.
Pensar que no la tengo. Sentir que la he perdido.

Oír la noche inmensa, más inmensa sin ella.
Y el verso cae al alma como al pasto el rocío.

Qué importa que mi amor no pudiera guardarla.
La noche está estrellada y ella no está conmigo.

Eso es todo. A lo lejos alguien canta. A lo lejos.
Mi alma no se contenta con haberla perdido.

Como para acercarla mi mirada la busca.
Mi corazón la busca, y ella no está conmigo.

La misma noche que hace blanquear los mismos
    árboles.
Nosotros, los de entonces, ya no somos los mismos.

Ya no la quiero, es cierto, pero cuánto la quise.
Mi voz buscaba el viento para tocar su oído.

De otro. Será de otro. Como antes de mis besos.
Su voz, su cuerpo claro. Sus ojos infinitos.

Ya no la quiero, es cierto, pero tal vez la quiero.
Es tan corto el amor, y es tan largo el olvido.

Porque en noches como ésta la tuve entre mis
    brazos,
mi alma no se contenta con haberla perdido.

Aunque éste sea el último dolor que ella me causa,
y éstos sean los últimos versos que yo le escribo.

De EL HONDERO ENTUSIASTA

(1933)

II

Es como una marea, cuando ella clava en mí
sus ojos enlutados,
cuando siento su cuerpo de greda blanca y móvil
estirarse y latir junto al mío,
es como una marea, cuando ella está a mi lado.

He visto tendido frente a los mares del Sur,
arrollarse las aguas y extenderse
incontenıblemente
fatalmente
en las mañanas y al atardecer.

Agua de las resacas sobre las viejas huellas,
sobre los viejos rastros, sobre las viejas cosas,
agua de las resacas que desde las estrellas
se abre como una inmensa rosa,
agua que va avanzando sobre las playas como
una mano atrevida debajo de una ropa,
agua internándose en los acantilados,
agua estrellándose en las rocas,
agua implacable como los vengadores
y como los asesinos silenciosa,
agua de las noches siniestras
debajo de los muelles como una vena rota,
o como el corazón del mar
en una irradiación temblorosa y monstruosa.

Es algo que me lleva desde adentro y me crece
inmensamente próximo, cuando ella está a mi lado,
es como una marea rompiéndose en sus ojos
y besando su boca, sus senos y sus manos.

Ternura de dolor, y dolor de imposible,
ala de los terribles deseos,
que se mueve en la noche de mi carne y la suya
con una aguda fuerza de flechas en el cielo;

Algo de inmensa huida,
que no se va, que araña adentro,
algo que en las palabras cava tremendos pozos,
¡algo que, contra todo se estrella, contra todo,
como los prisioneros contra los calabozos!

Ella, tallada en el corazón de la noche,
por la inquietud de mis ojos alucinados;
ella, grabada en los maderos del bosque
por los cuchillos de mis manos,
ella, su goce junto al mío,

ella, sus ojos enlutados
ella, su corazón, mariposa sangrienta
que con sus dos antenas de instinto me ha tocado!

¡No cabe en esta estrecha meseta de mi vida!
¡Es como un viento, desatado!
¡Si mis palabras clavan apenas como agujas
debieran desgarrar como espadas o arados!

¡Es como una marea que me arrastra y me dobla
es como una marea, cuando ella está a mi lado!

De RESIDENCIA EN LA TIERRA
I
(1925-1931)

MADRIGAL ESCRITO EN INVIERNO

En el fondo del mar profundo,
en la noche de largas listas,
como un caballo cruza corriendo
tu callado callado nombre.

Alójame en tu espalda, ay refúgiame,
aparéceme en tu espejo, de pronto,
sobre la hoja solitaria, nocturna,
brotando de lo oscuro, detrás de ti.

Flor de la dulce luz completa,
acúdeme tu boca de besos,
violenta de separaciones,
determinada y fina boca.

Ahora bien, en lo largo y largo,
de olvido a olvido residen conmigo
los rieles, el grito de la lluvia:
lo que la oscura noche preserva.

Acógeme en la tarde de hilo
cuando el anochecer trabaja
su vestuario, y palpita en el cielo
una estrella llena de viento.

Acércame tu ausencia hasta el fondo,
pesadamente, tapándote los ojos,

crúzame tu existencia, suponiendo
que mi corazón está destruido.

TANGO DEL VIUDO

Oh Maligna, ya habrás hallado la carta, ya habrás
/llorado de furia,

y habrás insultado el recuerdo de mi madre
llamándola perra podrida y madre de perros,
ya habrás bebido sola, solitaria, el té del atardecer
y mirando mis viejos zapatos vacíos para siempre,
y ya no podrás recordar mis enfermedades, mis sueños
/nocturnos, mis comidas,

sin maldecirme en voz alta como si estuviera allí aún,
quejándome del trópico, de los coolíes coringhis,
de las venenosas fiebres que me hicieron tanto daño
y de los espantosos ingleses que odio todavía.

Maligna, la verdad, qué noche tan grande, qué tierra
/tan sola!

He llegado otra vez a los dormitorios solitarios,
a almorzar en los restaurantes comida fría, y otra vez
tiro al suelo los pantalones y las camisas,
no hay perchas en mi habitación, ni retratos de nadie
/en las paredes.

Cuánta sombra de la que hay en mi alma daría por
/recobrarte,

y qué amenazadores me parecen los nombres de los meses,
y la palabra invierno qué sonido de tambor lúgubre tiene.
Enterrado junto al cocotero hallarás más tarde
el cuchillo que escondí allí por temor de que me
/mataras,

y ahora repentinamente quisiera oler su acero de cocina
acostumbrado al peso de tu mano y al brillo de tu pie:
bajo la humedad de la tierra, entre las sordas raíces,
de los lenguajes humanos el pobre sólo sabría tu nombre,
y la espesa tierra no comprende tu nombre
hecho de impenetrables substancias divinas.

Así como me aflige pensar en el claro día de tus piernas
recostadas como detenidas y duras aguas solares,
y la golondrina que durmiendo y volando vive en tus ojos,
y el perro de furia que asilas en el corazón,
así también veo las muertes que están entre nosotros
*   /desde ahora,*
y respiro en el aire la ceniza y lo destruido,
el largo, solitario espacio que me rodea para siempre.

Daría este viento del mar gigante por tu brusca respiración
oída en largas noches sin mezcla de olvido,
uniéndose a la atmósfera como el látigo a la piel del caballo.

Y por oírte orinar, en la oscuridad, en el fondo de la casa,
como vertiendo una miel delgada, trémula, argentina,
*   /obstinada,*
cuántas veces entregaría este coro de sombras que poseo,
y el ruido de espadas inútiles que se oye en mi alma,
y la paloma de sangre que está solitaria en mi frente
llamando cosas desaparecidas, seres desaparecidos,
substancias extrañamente inseparables y perdidas.

De RESIDENCIA EN LA TIERRA II
(1931-1935)

BARCAROLA

Si solamente me tocaras el corazón,
si solamente pusieras tu boca en mi corazón,
tu fina boca, tus dientes,
si pusieras tu lengua como una flecha roja
allí donde mi corazón polvoriento golpea,
si soplaras en mi corazón, cerca del mar, llorando,
sonaría con un ruido oscuro, con sonido de ruedas
        de tren con sueño,
como aguas vacilantes,
como el otoño en hojas,
como sangre,
con un ruido de llamas húmedas quemando el cielo,
sonando como sueños o ramas o lluvias,
o bocinas de puerto triste,
si tú soplaras en mi corazón, cerca del mar,
como un fantasma blanco,
al borde de la espuma,
en mitad del viento,
como un fantasma desencadenado, a la orilla del mar,
        llorando.

Como ausencia extendida, como campana súbita,
el mar reparte el sonido del corazón,
lloviendo, atardeciendo, en una costa sola:
la noche cae sin duda,
y su lúgubre azul de estandarte en naufragio
se puebla de planetas de plata enronquecida.

Y suena el corazón como un caracol agrio,
llama, oh mar, oh lamento, oh derretido espanto
esparcido en desgracias y olas desvencijadas:
de lo sonoro el mar acusa
sus sombras recostadas, sus amapolas verdes.

Si existieras de pronto, en una costa lúgubre,
rodeada por el día muerto,
frente a una nueva noche,
llena de olas,
y soplaras en mi corazón de miedo frío,
soplaras en la sangre sola de mi corazón,
soplaras en su movimiento de paloma con llamas,
sonarían sus negras sílabas de sangre,
crecerían sus incesantes aguas rojas,
y sonaría, sonaría a sombras,
sonaría como la muerte,
llamaría como un tubo lleno de viento o llanto,
o una botella echando espanto a borbotones.

Así es, y los relámpagos cubrirían tus trenzas
y la lluvia entraría por tus ojos abiertos
a preparar el llanto que sordamente encierras,
y las alas negras del mar girarían en torno
de ti, con grandes garras y graznidos, y vuelos.

Quieres ser el fantasma que sople, solitario,
cerca del mar su estéril, triste instrumento?
Si solamente llamaras,
su prolongado son, su maléfico pito,
su orden de olas heridas,

alguien vendría acaso,
alguien vendría,
desde las cimas de las islas, desde el fondo rojo del mar,
alguien vendría, alguien vendría.

Alguien vendría, sopla con furia,
que suene como sirena de barco roto,
como lamento,
como un relincho en medio de la espuma y la sangre,
como un agua feroz mordiéndose y sonando.

En la estación marina
su caracol de sombra circula como un grito,
los pájaros del mar lo desestiman y huyen,
sus listas de sonido, sus lúgubres barrotes
se levantan a orillas del océano solo.

De CANTO GENERAL

(1950)

LA LLUVIA (RAPA NUI)

No, que la Reina no reconozca
tu rostro, es más dulce
así, amor mío, lejos de las efigies, el peso
de tu cabellera en mis manos, recuerdas
el árbol de Mangareva cuyas flores caían
sobre tu pelo? Estos dedos no se parecen
a los pétalos blancos: míralos, son como raíces,
son como tallos de piedra sobre los que resbala
el lagarto. No temas, esperemos que caiga la lluvia,
    desnudos,
la lluvia, la misma que cae sobre Manu Tara.

Pero así como el agua endurece sus rasgos en la piedra,
sobre nosotros cae llevándonos suavemente
hacia la oscuridad, más abajo del agujero
de Ranu Raraku. Por eso
que no te divise el pescador ni el cántaro. Sepulta
tus pechos de quemadura gemela en mi boca,
y que tu cabellera sea una pequeña noche mía,
una oscuridad cuyo perfume mojado me cubre.

De noche sueño que tú y yo somos dos plantas
que se elevaron juntas, con raíces enredadas,
y que tú conoces la tierra y la lluvia como mi boca,
porque de tierra y de lluvia estamos hechos. A veces
pienso que con la muerte dormiremos abajo,
en la profundidad de los pies de la efigie, mirando

el Océano que nos trajo a construir y a amar.

Mis manos no eran férreas cuando te conocieron, las
                                                    / aguas
de otro mar las pasaban como a una red; ahora
agua y piedra sostienen semillas y secretos.

Ámame dormida y desnuda, que en la orilla
eres como la isla: tu amor confuso, tu amor
asombrado, escondido en la cavidad de los sueños,
es como el movimiento del mar que nos rodea.

Y cuando yo también vaya durmiéndome
en tu amor, desnudo,
deja mi mano entre tus pechos para que palpite
al mismo tiempo que tus pezones mojados en la lluvia.

De LOS VERSOS DEL CAPITÁN
(1952)

EL VIENTO EN LA ISLA

El viento es un caballo:
óyelo cómo corre
por el mar, por el cielo.

Quiere llevarme: escucha
cómo recorre el mundo
para llevarme lejos.

Escóndeme en tus brazos
por esta noche sola,
mientras la lluvia rompe
contra el mar y la tierra
su boca innumerable.

Escucha cómo el viento
me llama galopando
para llevarme lejos.

Con tu frente en mi frente,
con tu boca en mi boca,
atados nuestros cuerpos
al amor que nos quema,
deja que el viento pase
sin que pueda llevarme.

Deja que el viento corra
coronado de espuma,

que me llame y me busque
galopando en la sombra,
mientras yo, sumergido
bajo tus grandes ojos,
por esta noche sola
descansaré, amor mío.

De ODAS ELEMENTALES

(1954)

ODA AL DÍA FELIZ

Esta vez dejadme
ser feliz,
nada ha pasado a nadie,
no estoy en parte alguna,
sucede solamente
que soy feliz
por los cuatro costados
del corazón, andando,
durmiendo o escribiendo.
Qué voy a hacerle, soy
feliz,
soy más innumerable
que el pasto
en las praderas,
siento la piel como un árbol rugoso
y el agua abajo,
los pájaros arriba,
el mar como un anillo
en mi cintura,
hecha de pan y piedra la tierra
el aire canta como una guitarra.

Tú a mi lado en la arena
eres arena,
tú cantas y eres canto,
el mundo
es hoy mi alma,

canto y arena,
el mundo
es hoy tu boca,
dejadme
en tu boca y en la arena
ser feliz,
ser feliz porque sí, porque respiro
y porque tú respiras,
ser feliz porque toco
tu rodilla
y es como si tocara
la piel azul del cielo
y su frescura.

Hoy dejadme
a mí solo
ser feliz,
con todos o sin todos,
ser feliz
con el pasto
y la arena,
ser feliz
con el aire y la tierra,
ser feliz,
contigo, con tu boca,
ser feliz.

De NUEVAS ODAS ELEMENTALES

(1956)

ODA A LA BELLA DESNUDA

Con casto corazón, con ojos
puros,
te celebro, belleza,
reteniendo la sangre
para que surja y siga
la línea, tu contorno,
para
que te acuestes en mi oda
como en tierra de bosques o en espuma:
en aroma terrestre
o en música marina.

Bella desnuda,
igual
tus pies arqueados
por un antiguo golpe
del viento o del sonido
que tus orejas,
caracolas mínimas
del espléndido mar americano.
Iguales son tus pechos
de paralela plenitud, colmados
por la luz de la vida,
iguales son
volando
tus párpados de trigo
que descubren

o cierran
dos países profundos en tus ojos.

La línea que tu espalda
ha dividido
en pálidas regiones
se pierde y surge
en dos tersas mitades
de manzana
y sigue separando
tu hermosura
en dos columnas
de oro quemado, de alabastro fino,
a perderse en tus pies como en dos uvas,
desde donde otra vez arde y se eleva
el árbol doble de tu simetría,
fuego florido, candelabro abierto,
turgente fruta erguida
sobre el pacto del mar y de la tierra.

Tu cuerpo, en qué materia,
ágata, cuarzo, trigo,
se plasmó, fue subiendo
como el pan se levanta
de la temperatura,
y señaló colinas
plateadas,
valles de un solo pétalo, dulzuras
de profundo terciopelo,
hasta quedar cuajada
la fina y firme forma femenina?

No sólo es luz que cae
sobre el mundo
la que alarga en tu cuerpo
su nieve sofocada,
sino que se desprende
de ti la claridad como si fueras
encendida por dentro.

Debajo de tu piel vive la luna.

De TERCER LIBRO
DE LAS ODAS

(1957)

ODA A UN CINE DE PUEBLO

81

Amor mío,
vamos
al cine del pueblito.

La noche transparente
gira
como un molino
mudo, elaborando
estrellas.
Tú y yo entramos
al cine
del pueblo, lleno de niños,
y aromas de manzanas.
Son las antiguas cintas,
los
sueños ya gastados.
La pantalla ya tiene
color de piedra o lluvias.
La bella prisionera
del villano
tiene ojos de laguna
y voz de cisne,
corren
los más vertiginosos
caballos
de la tierra.

Los vaqueros
perforan
con sus tiros
la peligrosa luna
de Arizona.
Con el alma
en un hilo
atravesamos
estos
ciclones
de violencia,
la formidable
lucha
de los espadachines en la torre,
certeros como avispas,
la avalancha emplumada
de los indios
abriendo su abanico en la pradera.

Muchos
de los muchachos
del pueblo
se han dormido,
fatigados del día en la farmacia,
cansados de fregar en las cocinas.

Nosotros
no, amor mío.
No vamos a perdernos
este sueño

tampoco:
mientras
estemos
vivos
haremos nuestra
toda
la vida verdadera,
pero también
los sueños:
todos
los sueños
soñaremos.

1956

De ESTRAVAGARIO

(1958)

DÓNDE ESTARÁ LA GUILLERMINA?

Dónde estará la Guillermina?

Cuando mi hermana la invitó
y yo salí a abrirle la puerta,
entró el sol, entraron estrellas,
entraron dos trenzas de trigo
y dos ojos interminables.

Yo tenía catorce años
y era orgullosamente oscuro,
delgado, ceñido y fruncido,
funeral y ceremonioso:
yo vivía con las arañas,
humedecido por el bosque,
me conocían los coleópteros
y las abejas tricolores,
yo dormía con las perdices
sumergido bajo la menta.

Entonces entró la Guillermina
con dos relámpagos azules
que me atravesaron el pelo
y me clavaron como espadas
contra los muros del invierno.

Esto sucedió en Temuco.
Allá en el Sur, en la frontera.

Han pasado lentos los años
pisando como paquidermos,
ladrando como zorros locos,
han pasado impuros los años
crecientes, raídos, mortuorios,
y yo anduve de nube en nube,
de tierra en tierra, de ojo en ojo,
mientras la lluvia en la frontera
caía, con el mismo traje.

Mi corazón ha caminado
con intransferibles zapatos,
y he digerido las espinas:
no tuve tregua donde estuve:
donde yo pegué me pegaron,
donde me mataron caí
y resucité con frescura,
y luego y luego y luego, y luego,
es tan largo contar las cosas.

No tengo nada que añadir.

Vine a vivir en este mundo.

Dónde estará la Guillermina?

De CIEN SONETOS DE AMOR

(1959)

XII

Plena mujer, manzana carnal, luna caliente,
espeso aroma de algas, lodo y luz machacados,
qué oscura claridad se abre entre tus columnas?
Qué antigua noche el hombre toca con sus sentidos?

Ay, amar es un viaje con agua y con estrellas,
con aire ahogado y bruscas tempestades de harina:
amar es un combate de relámpagos
y dos cuerpos por una sola miel derrotados.

Beso a beso recorro tu pequeño infinito,
tus márgenes, tus ríos, tus pueblos diminutos,
y el fuego genital transformado en delicia

corre por los delgados caminos de la sangre
hasta precipitarse como un clavel nocturno,
hasta ser y no ser sino un rayo en la sombra.

XIX

Mientras la magna espuma de Isla Negra,
la sal azul, el sol en las olas te mojan,
yo miro los trabajos de la avispa
empeñada en la miel de su universo.

Va y viene equilibrando su recto y rubio vuelo
como si deslizara de un alambre invisible
la elegancia del baile, la sed de su cintura,
y los asesinatos del aguijón maligno.

De petróleo y naranja es su arco iris,
busca como un avión entre la hierba,
con un rumor de espiga vuela, desaparece,

mientras que tú sales del mar, desnuda,
y regresas al mundo llena de sal y sol,
reverberante estatua y espada de la arena.

LXVI

No te quiero sino porque te quiero
y de quererte a no quererte llego
y de esperarte cuando no te espero
pasa mi corazón del frío al fuego.

Te quiero sólo porque a ti te quiero,
te odio sin fin, y odiándote te ruego,
y la medida de mi amor viajero
es no verte y amarte como un ciego.

Tal vez consumirá la luz de enero,
su rayo cruel, mi corazón entero,
robándome la llave del sosiego.

En esta historia sólo yo me muero
y moriré de amor porque te quiero,
porque te quiero, amor, a sangre y fuego.

XCII

Amor mío, si muero y tú no mueres,
amor mío, si mueres y no muero,
no demos al dolor más territorio:
no hay extensión como la que vivimos.

Polvo en el trigo, arena en las arenas,
el tiempo, el agua errante, el viento vago
nos llevó como grano navegante.
Pudimos no encontrarnos en el tiempo.

Esta pradera en que nos encontramos,
oh pequeño infinito! devolvemos.
Pero este amor, amor, no ha terminado,

y así como no tuvo nacimiento
no tiene muerte, es como un largo río,
sólo cambia de tierras y de labios.